essentials

Essentials liefern aktuelles Wissen in konzentrierter Form. Die Essenz dessen, worauf es als „State-of-the-Art" in der gegenwärtigen Fachdiskussion oder in der Praxis ankommt. Essentials informieren schnell, unkompliziert und verständlich

- als Einführung in ein aktuelles Thema aus Ihrem Fachgebiet
- als Einstieg in ein für Sie noch unbekanntes Themenfeld
- als Einblick, um zum Thema mitreden zu können.

Die Bücher in elektronischer und gedruckter Form bringen das Expertenwissen von Springer-Fachautoren kompakt zur Darstellung. Sie sind besonders für die Nutzung als eBook auf Tablet-PCs, eBook-Readern und Smartphones geeignet.

Essentials: Wissensbausteine aus Wirtschaft und Gesellschaft, Medizin, Psychologie und Gesundheitsberufen, Technik und Naturwissenschaften. Von renommierten Autoren der Verlagsmarken Springer Gabler, Springer VS, Springer Medizin, Springer Spektrum, Springer Vieweg und Springer Psychologie.

Gülden Özbek-Potthoff

Führung im organisationalen Kontext

Ein Überblick

Dr. Gülden Özbek-Potthoff
Darmstadt
Deutschland

ISSN 2197-6708　　　　　　　　　　　ISSN 2197-6716 (electronic)
ISBN 978-3-658-06279-8　　　　　　　ISBN 978-3-658-06280-4 (eBook)
DOI 10.1007/978-3-658-06280-4

Die Deutsche Nationalbibliothek verzeichnet diese Publikation in der Deutschen Nationalbibliografie; detaillierte bibliografische Daten sind im Internet über http://dnb.d-nb.de abrufbar.

Springer Gabler
© Springer Fachmedien Wiesbaden 2014
Das Werk einschließlich aller seiner Teile ist urheberrechtlich geschützt. Jede Verwertung, die nicht ausdrücklich vom Urheberrechtsgesetz zugelassen ist, bedarf der vorherigen Zustimmung des Verlags. Das gilt insbesondere für Vervielfältigungen, Bearbeitungen, Übersetzungen, Mikroverfilmungen und die Einspeicherung und Verarbeitung in elektronischen Systemen.

Die Wiedergabe von Gebrauchsnamen, Handelsnamen, Warenbezeichnungen usw. in diesem Werk berechtigt auch ohne besondere Kennzeichnung nicht zu der Annahme, dass solche Namen im Sinne der Warenzeichen- und Markenschutz-Gesetzgebung als frei zu betrachten wären und daher von jedermann benutzt werden dürften.

Gedruckt auf säurefreiem und chlorfrei gebleichtem Papier

Springer Gabler ist eine Marke von Springer DE. Springer DE ist Teil der Fachverlagsgruppe Springer Science+Business Media
www.springer-gabler.de

Vorwort

Was ist Führung und was ist die ideale Führung? Diese Frage wird sowohl in der Praxis als auch in der Wissenschaft immer wieder gestellt und untersucht. Aus diesem Grund sind eine Vielzahl an Beiträgen und Arbeiten, die sich die Führung bzw. die Führungskraft betrachten und Aussagen darüber machen, wie eine Führungskraft agieren, sich darstellen und wann welchen Führungsstil einsetzen muss, in der Literatur zu finden. Die Frage, wie die Mitarbeiter bzw. die Geführten eine Führungskraft wahrnehmen und welchen Einfluss diese Wahrnehmung auf die Geführten, die Führungskraft und das Unternehmen hat, wird viel zu wenig gestellt und geforscht.

Ziel dieser Arbeit, die nur einen Auszug meiner Dissertationsschrift darstellt, ist, einen Überblick über die Definitionen der organisationalen Führung zu geben und dabei sich die Führung aus der Perspektive der Geführten genauer anzuschauen. Dabei werden die wahrgenommene und die implizite Führung, welche die Führung aus Sicht der Geführten genauer beschreiben, herangezogen, erklärt und definiert.

Der Einfluss der wahrgenommenen und der idealen Führung auf das Mitarbeiterverhalten und den Unternehmenserfolg insbesondere im interkulturellen Kontext wird in meiner Dissertation „Implizite Führung im interkulturellen Kontext: Stand der Forschung, Erweiterung der Theorie und empirische Analyse" (Özbek-Potthoff 2013) ausführlich behandelt. Das Gesamtwerk ist das Resultat meiner dreijährigen Forschungen, die ich am Fachgebiet Marketing & Personalmanagement unter der Leitung von Univ.-Prof. Dr. Ruth Stock-Homburg an der Technischen Universität Darmstadt geschrieben habe.

Meine Forschungsergebnisse sind in der Reihe „Neue Perspektiven der marktorientierten Unternehmensführung" bei den Herausgebern Univ.-Prof. Dr. Ruth Stock-Homburg und Univ.-Prof. Dr. Jan Wieseke erschienen. In dieser Reihe werden interdisziplinäre Arbeiten, wie zum Beispiel aus den Bereichen Marketing, Innovationsmanagement und Personalmanagement, veröffentlicht, die sich mit aktuellen und zukünftigen Entwicklungen in der Unternehmenspraxis auseinandersetzen.

Sowohl für die Veröffentlichung meiner Arbeit in dieser Reihe als auch für die Unterstützung bei meiner Forschung möchte ich mich bei meiner Doktormutter Frau Ruth Stock-Homburg und bei Herrn Jan Wieseke bedanken.

Darmstadt, im April 2014   Gülden Özbek-Potthoff

Inhaltsverzeichnis

1 Einleitung 1
2 Führung im organisationalen Kontext 3
   2.1 Wahrgenommene Führung im organisationalen Kontext 5
   2.2 Implizite Führung im organisationalen Kontext 6
   2.3 Implizite Führung im interkulturellen Kontext 14

Literatur 15

Einleitung 1

„Führung" – ein Thema, das seine Aktualität seit Jahrhunderten nicht verloren hat und immer wieder neu erforscht wird (Bass 1981; Yukl 2010). Heutzutage existieren weltweit über 10.000 Bücher und Artikel, die das Thema Führung in verschiedenen Kontexten beleuchten (Bass 1981; Fry und Kriger 2009).

Die *Führung im organisationalen Kontext* mit dem Ziel der Erreichung von Führungs- und Unternehmenserfolg wird seit dem 20. Jahrhundert erforscht (Neera et al. 2010; Yukl 2010). Seit den Anfängen der organisationalen Führungsforschung bis heute wurden verschiedene Führungstheorien, wie zum Beispiel der Ohio-State-Leadership Ansatz von Hemphill (1950) und Stogdill (1950), die Kontingenztheorie der Führung nach Fiedler (u. a. Fiedler 1958, 1967), das Reifegradmodell von Hersey und Blanchard (Hersey und Blanchard 1969), die Weg-Ziel-Theorie von Evans und House (u. a. Evans 1970; House 1971) und die transaktionale/transformationale Führung von Bass (1985), vorgestellt und untersucht. Diese Theorien werden in die eigenschaftsorientierten, verhaltensorientierten sowie situativen Ansätze der Mitarbeiterführung unterteilt (für einen Überblick siehe Stock-Homburg und Özbek-Potthoff 2013). Diese Führungstheorien haben die Führungskraft und ihre Perspektive der Führung als Untersuchungsgegenstand.

„Neuere" Führungstheorien, wie zum Beispiel die *impliziten Führungstheorien*, rücken den Mitarbeiter und seine Perspektive auf die Führung und auf die Führungskraft in den Mittelpunkt (Özbek-Potthoff 2013; Stock-Homburg und Özbek-Potthoff 2013). In diesen Führungstheorien werden insbesondere die Wahrnehmungen und Erwartungen der Mitarbeiter gegenüber ihrer Führungskraft beleuchtet (vgl. u. a. Gerstner und Day 1994; Lord und Maher 1993). Die *wahrgenommene Führung* wird als ein *Prozess der Wahrnehmung* bzw. Beobachtung der Eigenschaften und Verhaltensweisen einer Führungskraft durch den Mitarbeiter beschrieben (Özbek-Potthoff 2013). Die *implizite Führung* bzw. erwartete Führung wird als ein *Prozess der Kategorisierung* verstanden, in dem der Mitarbeiter Prototypen einer idealen Führungskraft zum Kategorisieren einer Führungskraft aus dem Gedächtnis abruft und einsetzt (Lord et al. 1986; Özbek-Potthoff 2013). Der Vergleich der wahrgenommenen und der impliziten Führung und damit das Ergebnis des Vergleiches haben einen Einfluss auf das Verhalten der Mitarbeiter (House et al. 1997; Lord 1985; Özbek-Potthoff 2013).

Das Ziel dieser Arbeit ist es, zum einen einen Überblick über die verschiedenen Definitionen zur Führung im organisationalen Kontext zu geben und zum anderen die unterschiedlichen Perspektiven auf die Führung im organisationalen Kontext zu beleuchten. Dabei werden insbesondere folgende Fragen beantwortet:

- Was ist Führung im organisationalen Kontext? (Abschn. 2)
- Welche Perspektiven auf die Führung gibt es? (Abschn. 2)
- Was ist die wahrgenommene Führung? (Abschn. 2.1)
- Was ist die ideale bzw. die implizite Führung? (Abschn. 2.2)
- Was ist die ideale Führung im interkulturellen Kontext? (Abschn. 2.3).

Führung im organisationalen Kontext 2

In diesem Abschnitt wird zunächst der Begriff der *Führung im organisationalen Kontext* vorgestellt und diskutiert. Darauf aufbauend werden in Abschn. 2.1 die *wahrgenommene Führung* und in Abschn. 2.2 die *implizite Führung* eingeführt. Ein kurzer Einblick in die implizite Führung im interkulturellen Kontext kommt zum Abschluss in Abschn. 2.3.

Seit Jahrhunderten beschäftigt sich die Menschheit mit dem Thema Führung. Diverse Untersuchungen und Beiträge, die das Ziel haben, mehr über die Führung zu erfahren, existieren in der Literatur. Die vorliegende Arbeit konzentriert sich auf die *Führung im organisationalen Kontext*. Einige ausgewählte Definitionen für die Führung im organisationalen Kontext können der Tab. 2.1 entnommen werden.

Eine einheitliche Definition für die Führung im organisationalen Kontext ist in der wissenschaftlichen Literatur nicht vorhanden. Aus den vorliegenden Definitionen wird ersichtlich, dass zwei verschiedene Perspektiven auf die Führung im organisationalen Kontext existieren:

- die Perspektive der Führungskraft und
- die Perspektive der Geführten (Özbek-Potthoff 2013).

Bei der *ersten Perspektive* ist die Führungskraft eine Person, die mithilfe verschiedener Ressourcen die Geführten für die Erreichung bestimmter Ziele beeinflusst und motiviert. Diese Perspektive wird als *Prozess der Beeinflussung* zusammengefasst (vgl. Tab. 2.1). Bei der *zweiten Perspektive* wird die Führungskraft durch die Geführten entweder als Führungskraft oder als Nicht-Führungskraft wahrgenommen (vgl. Tab. 2.1). Dieser *Prozess der Wahrnehmung* hat einen Einfluss auf die Akzeptanz der Führungskraft durch die Geführten.

Allgemein ist das Umschreiben und das Abgrenzen des Begriffs Führung aufgrund der Vielzahl von Definitionen ein schwieriger Vorgang (Steinle 1995). In der

Tab. 2.1 Ausgewählte Definitionen für den Begriff „Führung im organisationalen Kontext". (Özbek-Potthoff 2013)

Quelle	Definition
Führung im organisationalen Kontext	
Prozess der Beeinflussung	
Burns (1978), S. 18	„Leadership is exercised when persons [...] mobilize [...] institutional, political, psychological, and other resources so as to arouse, engage, and satisfy the motives of followers"
Chemers (2000), S. 27	„[...] leadership is defined as a process of social influence in which one person is able to enlist the aid and support of others in the accomplishment of a common task"
Den Hartog et al. (1997), S. 389	„[...] leadership is defined as: The ability of an individual to influence, motivate, and enable others to contribute toward the effectiveness and success of the organizations of which they are members"
Yukl (2010), S. 26	„Leadership is the process of influencing others to understand and agree about what needs to be done and how to do it, and the process of facilitating individual and collective efforts to accomplish shared objectives"
Prozess der Wahrnehmung	
Holmberg und Åkerblom (2006), S. 313	Leadership is „[...] the outcome of social-cognitive processes whereby people label individuals as leaders on basis of the degree of fit between the leader's behaviours and their own implicit leadership theory"
Lord und Maher (1993), S. 11	„[...] we define leadership as the process of being perceived by others as a leader"

herrschenden Literatur wird Führung daher entsprechend der forschungsbezogenen Perspektive und Fragestellung definiert (Yukl 2010).

Dieser Aussage folgend, wird in der vorliegenden Arbeit die Definition von Lord und Maher (1993, S. 11) für die Führung im organisationalen Kontext herangezogen: Führung ist „ [...] the process of being perceived by others as a leader".

Aus der Definition von Lord und Maher (1993) wird deutlich, dass Führung nicht nur von der Person, die sich selbst als Führungskraft sieht und verhält, abhängt, sondern auch von den Personen bestimmt wird, die diese „Führungskraft" wahrnehmen und beobachten. Demnach ist Führung ein kognitiver Prozess, in der die beobachtenden Personen – in diesem Fall die Geführten – ihre individuelle Vorstellung von einer idealen impliziten Führungskraft und ihre Wahrnehmung von der aktuellen Führungskraft vergleichen. Entsprechend des Vergleichsergebnisses wird entschieden, ob die betrachtete Person eine Führungskraft ist oder nicht

2.1 Wahrgenommene Führung im organisationalen Kontext

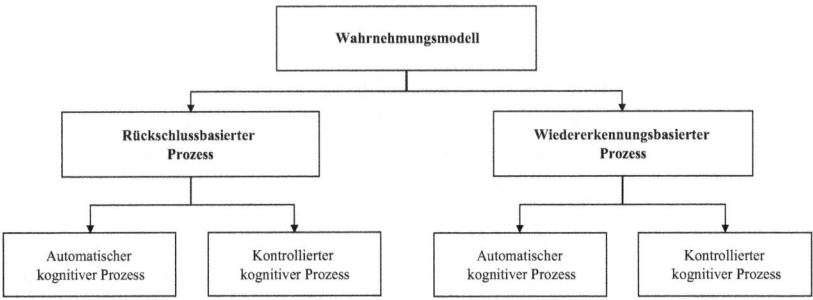

Abb. 2.1 Das Wahrnehmungsmodell (vgl. Lord und Maher 1993)

(Holmberg und Åkerblom 2006). Insgesamt ist die Bestätigung einer Führungskraft als solche von großer Bedeutung, weil „*recognized as a leader will gain social power and influence*" (Shaw 1990, S. 628).

Zwei weitere Begriffe, die in der Erläuterung der Führung im organisationalen Kontext auftauchen, müssen erklärt werden: die *wahrgenommene Führung* und die *implizite Führung*. Diese zwei Begriffe sind Hauptbestandteile des Vergleichsprozesses der impliziten Führungstheorie von Lord und Kollegen (1985). Die wahrgenommene Führung und die implizite Führung werden im Folgenden näher erläutert (vgl. Abschn. 2.1 und 2.2).

2.1 Wahrgenommene Führung im organisationalen Kontext

In der Literatur wird die wahrgenommene Führung bzw. der Prozess der Wahrnehmung mithilfe des *Wahrnehmungsmodells* bzw. des *Informationsverarbeitungsmodells* beschrieben (Lord und Maher 1993). Das Modell stellt dar, wie und wodurch Wahrnehmungen entstehen können. Grundsätzlich wird zwischen dem *rückschlussbasierten* (inference-based) und dem *wiedererkennungsbasierten* (recognition-based) Prozess unterschieden (vgl. Abb. 2.1).

Sowohl der rückschlussbasierte als auch der wiedererkennungsbasierte Prozess können automatisch oder kontrolliert stattfinden. *Automatische kognitive Prozesse* sind „*[...] processes that occur without awareness, without intent, without much effort, and without interference with other cognitive tasks*" (Lord und Maher 1993, S. 33). *Kontrollierte kognitive Prozesse* sind dagegen „*[...] processes that require awareness, intent, and effort and that do interfere with other activities*" (Lord und Maher 1993, S. 34).

Bei den *rückschlussbasierten Wahrnehmungsprozessen* werden Informationen, wie zum Beispiel Ereignisse und Leistungsergebnisse einer Person, herangezogen (Shaw 1990). Während bei dem rückschlussbasierten automatischen Wahrnehmungsprozess eine vereinfachte Analyse mithilfe von schnell abrufbaren Informationen durchgeführt wird, werden bei dem rückschlussbasierten kontrollierten Wahrnehmungsprozess umfangreichere Analysen getätigt, die überlegter geschehen als die automatischen Prozesse (Lord und Maher 1993).

Bei den *wiedererkennungsbasierten Wahrnehmungsprozessen* werden dahingegen Verhaltensweisen und Eigenschaften einer Person betrachtet (Shaw 1990). Der wiedererkennungsbasierte automatische Wahrnehmungsprozess tritt auf, wenn die wahrgenommene Person physisch anwesend ist und ihre Eigenschaften und Verhaltensweisen beobachtet werden können. Der wiedererkennungsbasierte kontrollierte Wahrnehmungsprozess tritt hervor, wenn Informationen zu den Verhaltensweisen und den Eigenschaften einer Person durch das soziale Umfeld weitergegeben und kommuniziert werden (Lord und Maher 1993).

Für die vorliegende Arbeit ist der wiedererkennungsbasierte Wahrnehmungsprozess – sowohl automatisch als auch kontrolliert – von Bedeutung. Daher orientiert sich die Arbeit an den Definitionen von Holmberg und Åkerblom (2006) und Lord und Maher (1993) (vgl. Tab. 2.1), welche die organisationale Führung als Prozess der Wahrnehmung beschreiben. Die *wahrgenommene Führung* wird in der vorliegenden Arbeit wie folgt definiert (in Anlehnung an Holmberg und Åkerblom 2006; Lord und Maher 1993):

> Wahrgenommene Führung ist ein wiedererkennungsbasierter kognitiver Wahrnehmungsprozess, bei der die Eigenschaften und Verhaltensweisen einer potenziellen Führungskraft beobachtet werden.

Die Wahrnehmungen einer Person bzw. des Geführten über eine Führungskraft sind nicht immer objektiv. Sie sind subjektiv und dienen lediglich für die Entscheidung, ob eine Person als Führungskraft oder als Nicht-Führungskraft gesehen wird (Lord und Maher 1993). Wie Kenney und Kollegen in ihrer Arbeit anmerken, liegt Führung „*in the eye of the beholder*" (Kenney et al. 1994, S. 410).

2.2 Implizite Führung im organisationalen Kontext

In der Literatur sind verschiedene Begriffe für die implizite Führung im organisationalen Kontext zu finden. Einige der Begriffe, die mit der impliziten Führung gleichgesetzt werden, sind zum Beispiel Prototypen von Führungskräften, die „Ro-

2.2 Implizite Führung im organisationalen Kontext

Tab. 2.2 Ausgewählte Definitionen des Begriffs „implizite Führung". (Özbek-Potthoff 2013)

Quelle	Definition
Implizite Führung	
Wahrnehmungsprozess der Führungskräftemerkmale	
Emrich (1999), S. 991	Die implizite Führung von Personen „represent[s] their preconceptions about what leaders are like (traits), what leaders do (behaviors), and what happens as a result of leadership (causality)"
Epitropaki und Martin (2004), S. 293	Implizite Führung „[...] that is, personal assumptions about the traits and abilities that characterize an ideal business leader"
Hunt et al. (1990), S. 42	Implizite Führung „[is] seen as personal constructs used to make judgments about leadership and effective/ineffective leaders or leaders/non-leaders"
Schyns (2006), S. 188	Implizite Führung „[is] the image others have of the traits and behaviours associated with leadership"
Schyns und Meindl (2005), S. 21	Implizite Führung ist „the image that a person has of a leader in general, or of an effective leader"
Kategorisierungsprozess anhand von Prototypen	
Keller (1999), S. 590	Implizite Führung „[...] can be classified as prototypes, or ideal instances of leadership"
Lord et al. (1986), S. 403	Implizite Führung „[is] simply a type of category system"

mance of Leadership" und die charismatische Führung. Im Folgenden wird zuerst die implizite Führung definiert. Danach werden die Begriffe Prototypen, „Romance of Leadership" und charismatische Führung vorgestellt.

In der Führungsforschung sind verschiedene Definitionen für die *implizite Führung* vorhanden. Einige ausgewählte Definitionen für die implizite Führung sind in Tab. 2.2 zusammengefasst.

Aus den Definitionen in Tab. 2.2 wird ersichtlich, dass eine einheitliche Definition des Begriffs implizite Führung nicht vorhanden ist. Die implizite Führung wird entweder als *Wahrnehmungsprozess der Führungskräftemerkmale* (vgl. u. a. Emrich 1999; Hunt et al. 1990; Schyns und Meindl 2005) oder als *Kategorisierungsprozess anhand von Prototypen* definiert (vgl. Keller 1999; Lord et al. 1986). Für die vorliegende Arbeit ist die implizite Führung ein Kategorisierungsprozess anhand von Prototypen. Daher orientiert sich die vorliegende Arbeit an der Definition von Lord, De Vader und Alliger (1986) für die implizite Führung, die wie folgt definiert wird (Lord et al. 1986, S. 403; vgl. Tab. 2.2):

> Implizite Führung „[...] can be classified as prototypes, or ideal instances of leadership".

Tab. 2.3 Ausgewählte Definitionen des Begriffs „Prototyp". (Özbek-Potthoff 2013)

Quelle	Definition
Prototyp	
Den Hartog et al. (1999), S. 226	„A prototype can be conceived as a collection of characteristic traits or attributes"
Lord (1985), S. 93	„Prototypes are abstractions of the most widely shared features or attributes of category members"
Lord et al. (1984), S. 346	„A prototype is operationally defined in terms of peoples' judgments about how well attributes fit with categories"
Hunt et al. (1990), S. 42	„[...] prototypes [are] ‚best exemplars' [...]"

Das Bild von einer Führung setzt sich aus den erwarteten Eigenschaften und Verhaltensweisen einer Führungskraft zusammen. Dieses Bild ist eine Art Kategorie bzw. Prototyp, das bereits im Gedächtnis der Mitarbeiter vorhanden ist. Für den Vergleichsprozess wird der Prototyp einer idealen Führungskraft aus dem Gedächtnis abgerufen. Entsprechend des Ergebnisses des Vergleichsprozesses kann entschieden werden, ob die wahrgenommene Person eine ideale Führung ist oder nicht.

Die *Prototypen* von Führungskräften beinhalten Informationen über erwartete Verhaltensweisen und Eigenschaften von Führungskräften. Dabei können verschiedene Prototypen von Führungskräften im Gedächtnis von Personen vorhanden sein (Epitropaki und Martin 2005; MacDonald et al. 2008). Zum Beispiel werden von organisationalen Führungskräften unterschiedliche Eigenschaften und Verhaltensweisen erwartet als von religiösen Führungskräften. Weiterhin ist eine Unterteilung der Prototypen für Führungskräfte in allgemein, positiv bzw. sympathisch, negativ bzw. unsympathisch oder ideal möglich (Schyns und Schilling 2011). In der Literatur gibt es unterschiedliche Definitionen zu dem Begriff Prototyp. In Tab. 2.3 sind ausgewählte Definitionen zu dem Begriff Prototyp zu finden.

Die Definitionen in Tab. 2.3 unterscheiden sich in einigen Punkten. Während Lord (1985) die Prototypen als Kategorien betrachtet, definieren Hunt und Kollegen (1990) Prototypen als beste Exemplare von einem Objekt. Die vorliegende Arbeit orientiert sich aufgrund der unterschiedlichen Definitionen des Begriffs Prototyp an der Definition von Den Hartog und Kollegen (1999, S. 226):

„A prototype can be conceived as a collection of characteristic traits or attributes".

Aus dieser Definition ist ersichtlich, dass der Prototyp nicht immer der impliziten Führungskraft entspricht. Der Prototyp ist ein beispielhaftes Bild für ein Objekt und hält für die Kategorisierung dieses Objektes Informationen bereit. Beispielhafte Objekte, mit denen Prototypen im Führungskontext gleichgesetzt

2.2 Implizite Führung im organisationalen Kontext

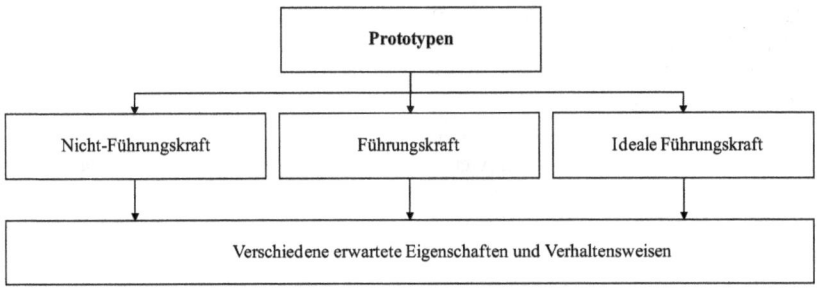

Abb. 2.2 Überblick beispielhafter Kategorien von Prototypen. (Özbek-Potthoff 2013)

werden können, sind die Nicht-Führungskraft, die Führungskraft oder die ideale Führungskraft. Die Nicht-Führungskraft ist in diesem Kontext eine Person, die sich als Führungskraft darstellt, aber von anderen Personen nicht als Führungskraft identifiziert wird. Die Informationen für die Einteilung der Objekte in bestimmte Kategorien können Eigenschaften und Verhaltensweisen sein, die von einer Nicht-Führungskraft, Führungskraft oder idealen Führungskraft erwartet werden. Einige der Eigenschaften oder Verhaltensweisen eines Objektes können für mehrere Objekte gleichzeitig gelten (vgl. Abb. 2.2).

Neben den Prototypen wird der Begriff „*Romance of Leadership*" häufig mit der impliziten Führung gleichgesetzt (Felfe und Petersen 2007; Schyns et al. 2007a). Die „Romance of Leadership" wurde von Meindl und Kollegen in den 1980er Jahren entwickelt (Meindl et al. 1985). Das Konzept basiert auf der Annahme, dass die Mitarbeiter den Glauben haben, dass Führungskräfte für das Erreichen und Nicht-Erreichen von Unternehmenszielen und das Funktionieren und Nicht-Funktionieren von unternehmensbezogenen Systemen verantwortlich sind (Meind und Ehrlich 1987). Neben diesen situationsbedingten Faktoren spielen auch individuelle Faktoren, wie zum Beispiel die persönliche Neigung des Mitarbeiters für eine Romantisierung, bei der „Romance of Leadership" eine wichtige Rolle (Felfe und Petersen 2007). In Tab. 2.4 sind einige Definitionen zu „Romance of Leadership" zusammengefasst.

Wie die Definitionen zu dem Begriff „Romance of Leadership" deutlich machen, wird mit „Romance of Leadership" nur eine Teilmenge der impliziten bzw. idealen Führung repräsentiert. Die Definition beinhaltet die Einschränkung, dass die Führungskraft für den Erfolg oder den Misserfolg des Unternehmens oder das Funktionieren oder Nicht-Funktionieren von bestimmten unternehmensbezogenen Systemen verantwortlich ist. Im Vergleich dazu, muss die ideale Führung aber für den Einzelnen nicht unbedingt die erfolgs- oder misserfolgsbringende Person sein.

Tab. 2.4 Ausgewählte Definitionen des Begriffs „Romance of Leadership". (Özbek-Potthoff 2013)

Quelle	Definition
Romance of Leadership	
Felfe und Petersen (2007), S. 2	„The romance of leadership can be regarded as a specific implicit leadership [...] that emphasizes an outstanding role of leaders for organizational success or failure"
Felfe und Petersen (2007), S. 4	„Romance of leadership can be defined as the tendency to view leadership as the most important factor for the success or failure of organizations"
Schyns et al. (2007b), S. 774	„[...] romance of leadership is regarded as a specific conceptualisation of implicit leadership [...]"

Zwar wird von einer idealen Führung ebenfalls erwartet, dass sie erfolgsbringend oder erfolgsfördernd ist. Trotzdem wird sie nicht nur auf diese Eigenschaften reduziert. Daher wird in der vorliegenden Arbeit der Begriff „Romance of Leadership" nicht mit der idealen bzw. impliziten Führung gleichgesetzt.

In der Literatur werden von einer Führungskraft und von einer idealen Führungskraft verschiedene Eigenschaften und Verhaltensweisen erwartet. Während von einer Führungskraft erwartet wird, dass diese engagiert ist und die Mitarbeiter gerecht behandelt, wird von einer idealen Führung zusätzliche Eigenschaften, wie zum Beispiel Einfühlungsvermögen und Charisma, erwartet (Gerstner und Day 1994; Offermann et al. 1994). Die Eigenschaften und Verhaltensweisen, die eine ideale Führung aufweisen soll, unterscheiden sich von Studie zu Studie. Die einzige Eigenschaft, die in allen Studien auftaucht und in allen Führungskräfteskalen abgefragt wird, ist Charisma (Bass und Riggio 2006; Bass 1997). Die vorliegende Arbeit orientiert sich an der herrschenden Literatur und zieht Charisma bzw. die charismatische Führung im Zusammenhang mit der impliziten Führung heran.

Das Konzept der *charismatischen Führung* wird in unterschiedlichen Arbeiten vorgestellt und diskutiert. Diese sind

- der eigenschaftsorientierte Ansatz der charismatischen Führung von House (1977),
- der attributionstheoretische Ansatz der charismatischen Führung von Conger und Kanungo (1987) und
- der transformationale Ansatz der charismatischen Führung von Bass (1985).

House (1977) befasst sich in seinem *eigenschaftsorientierten Ansatz der charismatischen Führung* mit den Eigenschaften und den Verhaltensweisen der charismatischen Führung und ihre Einflussnahme auf die Geführten. Eine charismatische Führungskraft soll dabei *Eigenschaften*, wie zum Beispiel Dominanz, Selbstbewusstsein, Einflussstreben, aufweisen (Conger 1999). Als *Verhaltensweisen* werden insbesondere die Beschreibung von Werten und Visionen, das Setzen von Zielen und die Selbstdarstellung erfolgreicher und kompetenten charismatischen Personen zugeschrieben. Die Eigenschaften der Führungskraft haben dabei einen Einfluss auf das Verhalten der Führungskraft selbst und auf das Verhalten der Geführten. Durch die Wahrnehmung der Verhaltensweisen und Eigenschaften der Führungskraft entwickeln die Geführten u. a. Vertrauen in ihre Führungskraft, eifern dieser nach und wollen selbst höhere Ziele erreichen (Hentze et al. 1997). Die Auswirkungen der Eigenschaften und Verhaltensweisen der Führungskraft auf die Geführten werden zum ersten Mal durch House (1977) in einem Bezugsrahmen als *Prozess der Einflussnahme* zusammengefasst (Conger 1999; Hentze et al. 1997).

Die wesentlichen zwei Beiträge dieser Theorie sind zum einen die Darstellung der charismatischen Führungstheorie in einem Bezugrahmen anhand von Eigenschaften und Verhaltensweisen. Zum anderen die Betrachtung verschiedener Gruppen und Einflussfaktoren, wie zum Beispiel die charismatische Führungskraft, die Geführten und die situativen Rahmenbedingunen (Conger 1999). Hauptkritikpunkt an der eigenschaftsorientierten Theorie der charismatischen Führung ist, dass eine umfassende empirische Überprüfung der Annahmen nicht stattgefunden hat (Hentze et al. 1997).

Conger und Kanungo (1987) befassen sich in dem *attributionstheoretischen Ansatz der charismatischen Führung* mit der Attribution der Geführten und den Verhaltensweisen der charismatischen Führungskraft. Unter der *Attribution der Geführten* wird die Identifikation einer Führungskraft als charismatisch oder nichtcharismatisch verstanden, bei der die Geführten anhand von Beobachtungen der Führungskräfte-Verhaltensweisen diese Entscheidung treffen. Eine charismatische Führungskraft muss dabei nicht alle typischen Verhaltensweisen einer charismatischen Führungskraft aufweisen. Einige der Verhaltensweisen reichen aus, um die Führungskraft als charismatisch zu definieren. Diese Verhaltensweisen sind u. a. das Befürworten von Visionen, die kritische Betrachtung des Status quo, das innovative und ungewöhnliche Vorgehen für die Erreichung von Zielen und Visionen (Conger und Kanungo 1987).

Der wesentliche Beitrag des attributionstheoretischen Ansatzes der charismatischen Führung ist die Idee, dass die Attribution der Geführten eine wichtige Rolle bei der Identifizierung einer charismatischen Führungskraft spielt. Der Hauptkritikpunkt an dieser Theorie ist, dass diese auf schwachen explorativen Untersuchungen basiert, in denen ein Vergleich zwischen charismatischen und nicht-charismatischen Führungskräften durchgeführt wird (Hentze et al. 1997).

Die vorliegende Arbeit konzentriert sich auf den *transformationalen Ansatz der charismatischen Führung* von Bass (1985), auch transformationale charismatische Führung genannt, da diese als der repräsentativste Ansatz unter den Ansätzen der charismatischen Führung aufgefasst wird und zudem empirisch überprüft ist (Dorfman 1996).

Die transformationale charismatische Führung basiert auf der *transaktionalen/ transformationalen Führungstheorie* von Bass (1985). Gemäß dieser Theorie können Mitarbeiter auf zwei verschiedene Arten motiviert werden (Dorfman 1996). Diese zwei unterschiedlichen Motivationsarten sind zum einen die transaktionale und zum anderen die transformationale Führung.

Die *transaktionale Führung* stellt eine Art Austauschbeziehung zwischen Führungskraft und Mitarbeiter dar (Bass und Riggio 2006; Stock-Homburg und Özbek-Potthoff 2013). Bei dieser Austauschbeziehung wird von den Mitarbeitern erwartet, dass sie ihre Aufgaben zufriedenstellend bis sehr gut erledigen, um dann durch die Führungskraft für das Ergebnis ihrer Tätigkeit belohnt zu werden. Sowohl die Führungskraft als auch die Mitarbeiter streben somit eine Nutzenmaximierung an. Die transaktionale Führung setzt sich aus der bedingten Verstärkung (contingent rewards) und dem Management-by-Exception zusammen (Bass 1985; Bycio et al. 1995). Unter der bedingten Verstärkung wird „the degree to which the leader provides reinforcement in return for appropriate follower behavior" verstanden (Bycio et al. 1995, S. 468). Das Management-by-Exception stellt wiederum die Führung dar, die sich nur einmischt oder zur Verfügung steht, wenn bei der Erledigung der Aufgaben Probleme oder Fehler entstehen (Bycio et al. 1995). D. h. das Management-by-Exception greift nur ein, um helfend oder korrigierend beizustehen.

Die *transformationale Führung* ist eine Erweiterung der transaktionalen Führung (Bass und Riggio 2006). Diese Führung hat zum Ziel, Mitarbeiter durch Inspiration, Herausforderung und Unterstützung zu motivieren, um gemeinsame Ziele mit der Führungskraft, dem Team oder dem Unternehmen zu erreichen (Bass und Riggio 2006). Die Mitarbeiter werden so geführt, dass sie aus Überzeugung ihre Ziele erreichen. Die transformationale Führung setzt sich aus den vier I's zusammen: dem idealisierten Einfluss bzw. dem charismatischen Verhalten (idealized influence/charismatic behavior), der inspirierenden Motivation (inspirational motivation), der intellektuellen Stimulierung (intellectual stimulation) und der individualisierten Wertschätzung (individualized consideration) (Bass 1985; Bass und Riggio 2006). Der *idealisierte Einfluss* bzw. das *charismatische Verhalten* der Führungskraft dient den Mitarbeitern als Vorbildfunktion. Die Mitarbeiter sollen

2.2 Implizite Führung im organisationalen Kontext

Tab. 2.5 Ausgewählte Definitionen des Begriffs „charismatische Führungskraft". (Özbek-Potthoff 2013)

Quelle	Definition
Charismatische Führungskraft	
Bass (1981), S. 20	Charismatische Führungskräfte „[...] can be categorized as intellectual leaders, leaders of reform or revolution, and heroes or ideologues"
Bass und Riggio (2006), S. 3	Charismatische Führungskräfte „[...] are those who stimulate and inspire followers to both achieve extraordinary outcomes and, in the process, develop their own leadership capacity"
Dorfman (1996), S. 297	„Charismatic leaders are visionary and transform the needs and aspirations of followers from self-interests to collective interests"

dadurch ihre Führungskraft bewundern und respektieren und ihr vertrauen. Durch die *inspirierende Motivation* sollen die Führungskräfte ihre Mitarbeiter motivieren und inspirieren, so dass diese Teamgeist, Optimismus und Enthusiasmus entwickeln können. Die Führungskräfte sollen durch die *intellektuelle Stimulierung* ihrer Mitarbeiter deren Kreativität, Innovativität und Problemlösungsfähigkeit fördern. Mithilfe der *individualisierten Wertschätzung* werden die Bedürfnisse der einzelnen Mitarbeiter ermittelt und entsprechend ihrer Potenziale entwickelt und gefördert.

Die transaktionale und die transformationale Führung sind sich ergänzende Konzepte und werden zusammen für die Einflussnahme auf die Mitarbeiter und ihr Verhalten eingesetzt (Oke et al. 2009). Während die transaktionale Führung mithilfe von Rahmenbedingungen eine strukturelle Orientierung für die Mitarbeiter liefert, erweitert die transformationale Führung diese um die Ziele und Visionen der Mitarbeiter und liefert einen ideellen Orientierungsrahmen (Stock-Homburg 2010).

In der Literatur wird die transaktionale/transformationale Führung umfassend empirisch untersucht (für einen Überblick vgl. u. a. folgende Meta-Analysen: Bono und Judge 2004; Eagley et al. 2003; Wang et al. 2011). Vor allem in der interkulturellen Führungsforschung wird die transformationale charismatische Führung herangezogen (Bass und Riggio 2006; Dorfman 1996; vgl. Abschn. 2.1.3). Die charismatische Führung ist ein Teil der transformationalen Führung und beschreibt nicht die ganze Führungstheorie. Sie stellt kulturübergreifend das Bild und damit den Prototypen der idealen Führung dar (Bass 1990; Bass und Riggio 2006).

Im Folgenden wird anstelle der transformationalen/charismatischen Führung lediglich der Begriff charismatische Führung verwendet. In Tab. 2.5 werden einige ausgewählte Definitionen zur charismatischen Führung bzw. zu charismatischen Führungskräften zusammengeführt.

Entsprechend der Definitionen in Tab. 2.5 ist das erwartete Bild von einer Führung insbesondere einer idealen Führung die charismatische Führung (Gerstner und Day 1994; Offermann et al. 1994). Daher wird in der vorliegenden Arbeit die charismatische Führung mit der impliziten Führung gleichgesetzt und wie folgt definiert:

> Die charismatische Führung ist das im Gedächtnis vorhandene erwartete Bild einer idealen Führungskraft.

Die charismatische Führung entspricht nicht nur in westlichen Kulturkreisen einer idealen Führung, sondern auch in anderen Ländern und Kulturkreisen (Bass 1997; Dorfman 1996). Damit ist die charismatische Führung universell und in verschiedenen Kulturkreisen einsetzbar (Brodbeck et al. 2004; Den Hartog et al. 1999).

2.3 Implizite Führung im interkulturellen Kontext

In der Literatur wird der Einfluss der Kultur bzw. der Landeskultur auf die Führung in diversen Arbeiten diskutiert und erforscht (u. a. Ah Chong und Thomas 1997; Den Hartog et al. 1999; Gerstner und Day 1994). Einige Studien weisen darauf hin, dass in unterschiedlichen Kulturen unterschiedliche Verhaltensweisen und Eigenschaften von Führungskräften erwartet werden (Dorfman 1996; House et al. 1997). Dies kann auch für das Bild bzw. den Prototypen einer idealen Führungskraft in verschiedenen Kulturen gelten (Brodbeck et al. 2000; Lord und Maher 1993). Trotzdem ist sich die internationale Führungsforschung insbesondere das Global Leadership and Organizational Behavior Effectiveness (GLOBE)-Projekt darüber einig, dass die charismatische Führung in allen Kulturen einsetzbar ist (Brodbeck et al. 2004; Den Hartog et al. 1999; Dorfman 1996; Gelfand et al. 2007). Die charismatische Führung ist damit einer der wenigen Führungsstile im Vergleich zu anderen Führungsstilen, wie zum Beispiel die partizipative, die autoritäre oder die leistungsorientierte Führung, die in der internationalen Führungsforschung eingesetzt werden kann, um die ideale Führung interkulturell zu untersuchen.

Literatur

Ah Chong, L., & Thomas, D. (1997). Leadership perceptions in cross-cultural context: Pakeha and Pacific Islanders in New Zealand. *Leadership Quarterly, 8*(3), 275–293.
Bass, B. (Hrsg.). (1981). *Stogdill's handbook of leadership: A survey of theory and research* (2. Aufl.). New York: Free Press.
Bass, B. (1985). *Leadership and performance beyond expectations* (1. Aufl.). New York: Free Press.
Bass, B. (1990). *Bass & Stogdill's handbook of leadership: Theory, research, and managerial applications* (3. Aufl.). New York: Wiley.
Bass, B. (1997). Does the transactional/transformational leadership paradigm transcend organizational and national boundaries? *American Psychologist, 52*(2), 130–139.
Bass, B., & Riggio, R. (2006). *Transformational leadership* (2. Aufl.). London: Sage.
Bono, J., & Judge, T. (2004). Personality and transformational and transactional leadership: A meta-analysis. *Journal of Applied Psychology, 89*(5), 901–910.
Brodbeck, F., Frese, M., Akerblom, S., Audia, G., Bakacsi, G., Bendova, H., Bodega, D., Bodur, M., Booth, S., Brenk, K., Castel, P., Den Hartog, D., Donnelly-Cox, G., Gratchev, M., Holmberg, I., Jarmuz, S., Correia Jesuino, J., Jorbenadse, R., Kabasakal, H., Keating, M., Kipiani, G., Konrad, E., Koopman, P., Kurc, A., Leeds, C., Lindell, M., Maczynski, J., Martin, G., O'Connell, J., Papalexandris, A., Papalexandris, N., Prieto, J., Rakitski, B., Reber, G., Sabadin, A., Schramm-Nielsen, J., Schultz, M., Sigfrids, C., Szabo, E., Thierry, H., Vondrysova, M., Weibler, J., Wilderom, C., Wirkowski, S., & Wunderer, R. (2000). Cultural variation of leadership prototypes across 22 European countries. *Journal of Occupational and Organizational Psychology, 73*(1), 1–29.
Brodbeck, F., Hanges, P., Dickson, M., Gupta, V., & Dorfman, P. (2004). Societal culture and industrial sector influences on organizational culture. In R. House, P. Hanges, M. Javidan, P. Dorfman, & V. Gupta (Hrsg.), *Culture, leadership, and organizations: The GLOBE study of 62 societies* (S. 654–668). Thousand Oaks: Sage.
Burns, J. (1978). *Leadership* (1. Aufl.). New York: Harper & Row.
Bycio, P., Hackett, R., & Allen, J. (1995). Further assessments of Bass's (1985) conceptualization of transactional and transformational leadership. *Journal of Applied Psychology, 80*(4), 468–478.
Chemers, M. (2000). Leadership research and theory: A functional integration. *Group Dynamics: Theory, Research, and Practice, 4*(1), 27–43.

Conger, J. (1999). Chartismatic and transformational leadership in organizations: An insider's perspective on these developing streams of research. *Leadership Quarterly, 10*(2), 145–179.
Conger, J., & Kanungo, R. (1987). Toward a behavioral theory of charismatic leadership in organizational settings. *Academy of Management Review, 12*(4), 637–647.
Conger, J., Kanungo, R., Menon, S., & Mathur, P. (1997). Measuring charisma: Dimensionality and validity of the Conger-Kanungo scale of charismatic leadership. *Canadian Journal of Administrative Sciences,14*(3), 290–302.
Den Hartog, D., Koopman, P., Thierry, H., Wilderom, C., Maczynski, J., & Jarmuz, S. (1997). Dutch and polish perceptions of leadership and culture: The GLOBE project. *European Journal of Work and Organizational Psychology,6*(4), 387–413.
Den Hartog, D., House, R., Hanges, P., Ruiz-Quintanilla, S., & Dorfman, P. (1999). Culture specific and cross-culturally generalizable implicit leadership theories: Are attributes of charismatic/transformational leadership universally endorsed? *Leadership Quarterly,10*(2), 219–256.
Dorfman, P. (1996). International and cross-cultural leadership. In B. Punnett & O. Shenkar (Hrsg.), *Handbook of international management research* (S. 267–349). Oxford: Blackwell.
Eagly, A., Johannesen-Schmidt, M., & Van Engen, M. (2003). Transformational, transactional, and laissez-faire leadership styles: A meta-analysis comparing women and men. *Psychological Bulletin,129*(4), 569–591.
Emrich, C. (1999). Context effects in leadership perception. *Personality and Social Psychology Bulletin,25*(8), 991–1006.
Epitropaki, O., & Martin, R. (2004). Implicit leadership theories in applied settings: Factor structure, generalizability, and stability over time. *Journal of Applied Psychology, 89*(2), 293–310.
Epitropaki, O., & Martin, R. (2005). From ideal to real: A longitudinal study of the role of implicit leadership theories on leader-member exchange and employee outcomes. *Journal of Applied Psychology,90*(4), 659–676.
Evans, M. (1970). The effects of supervisory behavior on the path-goal relationship. *Organizational Behavior and Human Performance, 5*(3), 277–298.
Felfe, J., & Petersen, L.-E. (2007). Romance of leadership and management decision making. *European Journal of Work and Organizational Psychology, 16*(1), 1–24.
Fiedler, F. (1958). *Leader attitudes and group effectiveness*. New York: University of Illinois Press.
Fiedler, F. (1967). *A theory of leadership effectiveness*. New York: McGraw-Hill.
Fry, L., & Kriger, M. (2009). Towards a theory of being-centered leadership: Multiple levels of being as context for effectice leadership. *Human Relations,62*(11), 1667–1696.
Gelfand, M., Erez, M., & Aycan, Z. (2007). Cross-cultural organizational behavior. *Annual Review of Psychology, 58,* 479–514.
Gerstner, C., & Day, D. (1994). Cross-cultural comparison of leadership prototypes. *Leadership Quarterly, 5*(2), 121–134.
Hemphill, J. (1950). *Leader behavior description*. Columbus: Ohio State University.
Hentze, J., Kammel, A., & Lindert, K. (1997). *Personalführungslehre* (3. Aufl.). Bern: Verlag Paul Haupt.
Hersey, P., & Blanchard, K. (1969). *Management of organizational behavior – utilizing human resources*. New Jersey: Prentice Hall.

Holmberg, I., & Åkerblom, S. (2006). Modeling leadership: Implicit leadership theories in Sweden. *Scandinavian Journal of Management, 22*(4), 307–329.
House, R. (1971). A path-goal theory of leadership effectivenes. *Administrative Science Quarterly, 16*(3), 321–338.
House, R. (1977). A 1976 theory of charismatic leadership. In J. Hunt & L. Larson (Hrsg.), *Leadership: The cutting edge* (S. 189–207). Carbondale: New Lexington.
House, R., Wright, N., & Aditya, R. (1997). Cross-cultural research on organizational leadership: A critical analysis and a proposed theory. In P. Earley & M. Erez (Hrsg.), *New perspectives on international industrial/organizational psychology* (S. 535–625). San Francisco: Lexington Press.
Hunt, J., Boal, K., & Sorenson, R. (1990). Top management leadership: Inside the black box. *Leadership Quarterly, 1*(1), 41–65.
Keller, T. (1999). Images of the familiar: Individual differences and implicit leadership theories. *Leadership Quarterly, 10*(4), 589–607.
Kenney, R., Blascovich, J., & Shaver, P. (1994). Implicit leadership theories: Prototypes for new leaders. *Basic and Applied Social Psychology, 15*(4), 409–437.
Lord, R. (1985). An information processing approach to social perceptions, leadership and behavioral measurement in organizations. In B. Staw & L. Cummings (Hrsg.), *Research in organizationalbehavior* (Bd. 7, S. 87–128). Greenwich: JAI.
Lord, R., & Maher, K. (1993). *Leadership and information processing: Linking perceptions and performance* (2. Aufl.). London: Routledge.
Lord, R., Foti, R., & De Vader, C. (1984). A test of leadership categorization theory: Internal structure, information processing, and leadership perceptions. *Organizational Behavior and Human Performance,34*(3), 343–378.
Lord, R., De Vader, C., & Alliger, G. (1986). A meta-analysis of the relation between personality traits and leadership perceptions: An application of validity generalization procedures. *Journal of Applied Psychology,71*(3), 402–410.
MacDonald, H., Sulsky, L., & Brown, D. (2008). Leadership and perceiver cognition: Examining the role of self-identity in implicit leadership theories. *Human Performance, 21*(4), 333–353.
Meindl, J., & Ehrlich, S. (1987). The romance of leadership and the evaluation of organizational performance. *Academy of Management Journal, 30*(1), 91–109.
Meindl, J., Ehrlich, S., & Duckerich, J. (1985). The romance of leadership. *Administrative Science Quarterly, 30*(1), 78–102.
Offermann, L., Kennedy, J., & Wirtz, P. (1994). Implicit leadership theories: Content, structure, and generalizability. *Leadership Quarterly,5*(1), 43–58.
Oke, A., Munshi, N., & Walumbwa, F. (2009). The influence of leadership on innovation processes and activities. *Organizational Dynamics,38*(1), 64–72.
Özbek-Potthoff, G. (2013). *Implizite Führung im interkulturellen Kontext: Stand der Forschung, Erweiterung der Theorie und empirische Analyse* (1. Aufl.). Wiesbaden: Gabler.
Schyns, B. (2006). The role of implicit leadership theories in the performance appraisals and promotion recommendations of leaders. *Equal Opportunities International,25*(3), 188–199.
Schyns, B., & Meindl, J. (2005). An overview of implicit leadership theories and their application in organization practice. In B. Schyns & J. Meindl (Hrsg.), *Implicit leadership theories: Essays and explorations* (1. Aufl., S. 15–36). Greenwich: Information Age Publishing.

Schyns, B., & Schilling, J. (2011). Implicit leadership theories: Think leader, think effective? *Journal of Management Inquiry, 20*(2), 141–150.

Schyns, B., Felfe, J., & Blank, H. (2007a). Is charisma hyper-romanticism? Empirical evidence from new data and a meta-analysis. Applied Psychology. *An International Review, 56*(4), 505–527.

Schyns, B., Kroon, B., & Moors, G. (2007b). Follower characteristics and the perception of leader-member exchange. *Journal of Managerial Psychology,23*(7), 772–788.

Shaw, J. (1990). A cognitive categorization model for the study of intercultural management. *Academy of Management Review, 15*(4), 626–645.

Steinle, C. (1995). Führungsdefinitionen. In A. Kieser, G. Reber, & R. Wunderer (Hrsg.), *Handwörterbuch der Führung* (2. Aufl.). Stuttgart: Poeschel.

Stock-Homburg, R. (2013). *Personalmanagement: Theorien - Konzepte - Instrumente* (3. Aufl.). Wiesbaden: Gabler.

Stock-Homburg, R., & Özbek-Potthoff, G. (2013). Verhaltenstheoretische Perspektive der Mitarbeiterführung. In R. Stock-Homburg (Hrsg.), *Handbuch Strategisches Personalmanagement* (2. Aufl., S. 349–370). Wiesbaden: Gabler.

Stogdill, R. (1950). Leadership, membership and organization. *Pscyhologial Bulletin, 47*(1), 1–14.

Wang, G., Oh, I.-S., Courtright, S., & Colbert, A. (2011). Transformational leadership and performance across criteria and levels: A meta-analytic review of 25 years of research. *Group and Organization Management, 36*(2), 223–270.

Yukl, G. (2010). *Leadership in organizations* (7. Aufl.). Upper Saddle River: Prentice Hall.

GPSR Compliance

The European Union's (EU) General Product Safety Regulation (GPSR) is a set of rules that requires consumer products to be safe and our obligations to ensure this.

If you have any concerns about our products, you can contact us on

ProductSafety@springernature.com

In case Publisher is established outside the EU, the EU authorized representative is:

Springer Nature Customer Service Center GmbH
Europaplatz 3
69115 Heidelberg, Germany

www.ingramcontent.com/pod-product-compliance
Lightning Source LLC
LaVergne TN
LVHW022037260326
834688LV00060B/1431